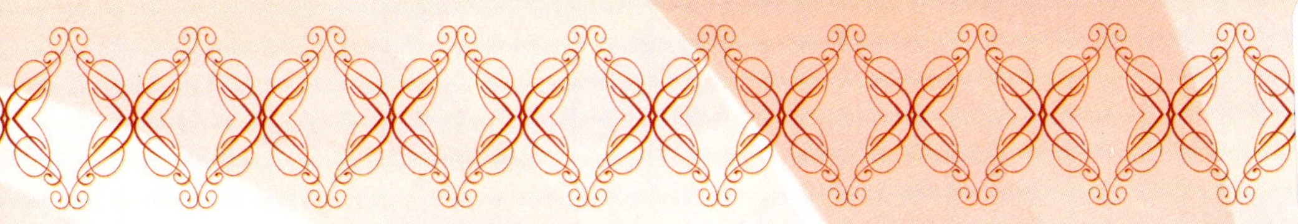

मुझे सिखाती मेरी नानी

(बालगीत)

भावना शेखर

प्रभात प्रकाशन

प्रकाशक • **प्रभात प्रकाशन प्रा. लि.**
4/19 आसफ अली रोड,
नई दिल्ली-110002

संस्करण • प्रथम, 2023
मूल्य • एक सौ पचास रुपए
मुद्रक • ग्राफिक वर्ल्ड, नई दिल्ली

MUJHE SIKHATI MERI NANI (Balgeet) *by* Bhavna Shekhar ₹ 150.00
Published by Prabhat Prakashan Pvt. Ltd., 4/19 Asaf Ali Road, New Delhi-2
E-mail : prabhatbooks@gmail.com ISBN 978-81-961590-5-4

विषय-सूची

मीठी बोली

काँव-काँव और कू-कू में,
बड़ा अजब का फेर है।
एक सबसे ढेला खाए,
दूजी मीठी टेर है।

कड़वी बोली सुनकर दिल में,
चुभता पैना तीर है।
मीठी बोली सबसे सुंदर,
हरती सबकी पीर है।

बचपन

होता बचपन सबसे प्यारा,
सुखद सलोना सबसे न्यारा।
खेल खिलौने सुंदर सपने,
कौन पराया सब हैं अपने।

छल न कपट न बैर भाव है,
बचपन का ऐसा प्रभाव है।
चंदा होता मामा सबका,
नेहरू सबके चाचा।

हर पौधा इक साथी होता,
धरती सबकी माता।
हँसना रोना पाना खोना,
एक समान है मिट्‌टी सोना।

बचपन कलकल बहती नदिया,
बचपन टिप-टिप बरखा।
हँसे तो इंद्रधनुष सतरंगी,
रोए टप-टप मेहा।

बचपन सबसे बड़ा स्वर्ग है,
बचपन ही जीवन का प्राण।
खुशियों की है अजब पोटली,
बचपन ईश्वर का वरदान।

मेरा भारत

सबसे सुंदर भारत मेरा,
सबसे सुंदर देश।
भाँत-भाँत की बोली इसकी,
रंग-बिरंगा भेष।

सर पर श्वेत हिमालय देखो,
इसे ताज पहनाए।
नीचे छलछल सागर हरदम,
पैरों को नहलाए।

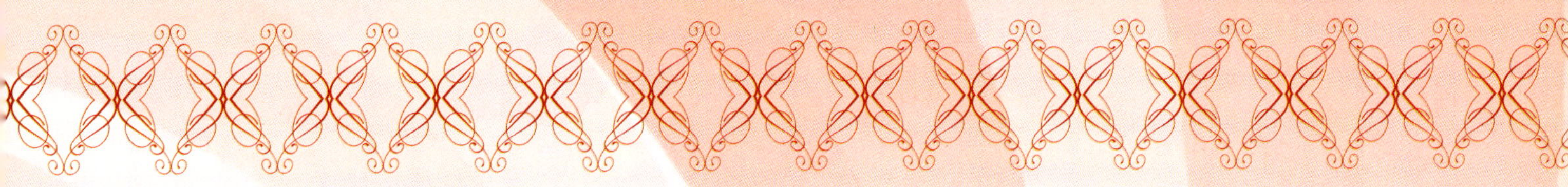

गंगा, यमुना जैसी नदियाँ,
कलकल बहती जाएँ।
सोना उगले मिट्टी मेरी,
फसलें लह लहाएँ।

गांधी, सुभाष, टैगोर, तिलक हैं,
भारत माँ के लाल।
कल्पना, इंदिरा, लक्ष्मी, सरोजिनी,
चमकीं बन के मशाल।

देश की धूलि माथे धरना,
कभी न इसको दूषित करना।
इसे सजाना, पेड़ लगाना,
भारत को है स्वच्छ बनाना।

सावन

अंबर से लेकर धरती तक,
महलों से लेकर बस्ती तक,
सावन का रूप निराला है,
मौजों मस्ती के झूलों को,
तू ही तो लाने वाला है।

कहीं घास हरी, कही पात हरे,
धरती पहने परिधान हरे,
ऋतु सावन की अब आयी है,
टिप-टिप बरखा भी लायी है।

सोंधी माटी मुस्काएगी,
कोयल कू-कू-कू गाएगी,
भँवरे तितली मिल खेलेंगे,
कलियों के घूँघट खोलेंगे।

बादल गरजेंगे घन-घन-घन,
बिजली चमकेगी चम-चम-चम,
जोरों से मेघा बरसेंगे,
चिड़िया, तोते डर जाएँगे।
नीड़ों में फिर छिप जाएँगे।

खेतों की बात निराली है,
जित देखूँ उत हरियाली है,
लहकी-लहकी हर क्यारी है,
अब झूम रही हर डाली है।

हरे, नीले, पीले छाते ले,
पप्पू-गप्पू इठलाएँगे,
चुन्नू-मुन्नू अब बारिश में,
छप-छप-छप कूद नहाएँगे।

शीना-मीना की नाव मगर,
सर-सर पानी में तैरेगी,
दिल्ली, मुंबई, पूना होकर,
पटना आकर ही ठहरेगी।

चीं-चीं

चीं-चीं करती दो गौरैया,
फुदक-फुदककर तिनका लाएँ,
दो गमलों के पीछे छिपकर,
सुंदर-सा इक नीड़ बनाएँ।

छुप-छुपकर मैं देखा करती,
नन्ही चोंच की कला निराली,
न ही रुकती न ही थकती,
धुन में खूब मगन मतवाली।

बारिश

बारिश आई पानी बरसा,
बिजली कड़की बादल गरजा,
छाता लेकर पापा निकले,
कोट पहनकर बच्चे दौड़े,
मम्मी लाई चाय पकौड़े।

गिल्लू

यह है मेरा नन्हा गिल्लू,
पकड़े जब तब माँ का पल्लू,
पतली-पतली इसकी मूँछ,
झाड़ू-सी पर इसकी पूँछ।

पैरों का यह स्टूल बनाता,
झट से उस पर बैठ है जाता,
दोनों हाथ में काजू पकड़े,
कुट-कुट कर फिर मुँह से कुतरे।

गोल-गोल है आँख नचाता,
गोदी में फट से चढ़ जाता,
पापा जब भी घर पर आते,
घुड़की दे जब उसे भगाते,
खाली जूते में घुस जाता।

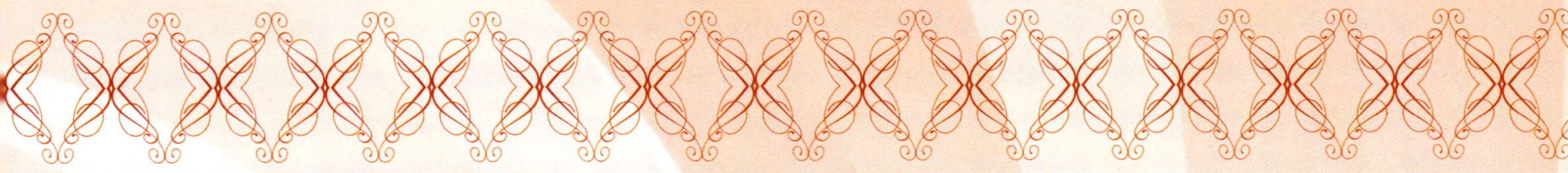

आज को सँवारो

बीते दिन जो खोया हमने,
उसकी याद मिटाओ,
हर दिन समझो पहला दिन है,
सुंदर उसे बनाओ,
कल का दिन किसने है देखा,
आज को गले लगाओ।

बीत गया कल उसको भूलो,
कल आएगा उसे न तौलो,
आज ही सबसे बड़ी है नेमत,
उसको खूब निखारो,
अपनी मेहनत और नेकी से,
आज ही आज सँवारो।

कैलेंडर

हर घर की दीवार पर लटके,
कहते इसको लोग कैलेंडर,
दिन हफ्तों महीनों वर्षों का,
लेखा-जोखा इसके अंदर।

रवि, सोम, मंगल, बुध और फिर,
गुरु, शुक्र, शनि दिन हैं आते,
जनवरी, फरवरी, मार्च के आगे,
अप्रैल-मई फिर गर्मी लाते।

जून के बाद जुलाई बरखा,
अगस्त, सितंबर धूप खिलाए,
अक्टूबर में न्यारा मौसम,
और नवंबर जाड़ा लाए।

सी-सी करता ठंड का मौसम,
माह दिसंबर खूब रुलाए,
कैलेंडर का आखिरी पन्ना,
पलटो, नया साल आ जाए।

न कोई दूजा

दूजे का दुःख बाँटना,
वीरता कहलाती है,
अपना सुख बाँटना,
उदारता बन जाती है।

अकेले जो सुख भोगता,
स्वार्थी कहलाता है,
दूजे को सुख देने वाला,
महात्मा बन जाता है।

दूजे में ही खुद को देखो,
खुद में सारे जग को,
सबके मन मे एक प्रभु है,
सबमें देखो उसको।

मदारी

कल मैंने देखा एक मदारी,
कंधे पर था झोला भारी,
डुगडुगी उसके एक हाथ में,
राजा-रानी चले साथ में।

राजा था इक बांका बंदर,
और बंदरिया रानी सुंदर,
हाथ घुमा डुगडुगी बजाई,
बच्चों ने तब दौड़ लगाई।

चारों ओर लगाकर डेरा,
बच्चों ने था उनको घेरा,
मदारी की खुल गयी पिटारी,
टोपी घुँघरू चुनरी साड़ी।

लगा नाचने राजा धम-धम,
मार गुलाटी बम-बम-बम-बम,
रानी ठुमके पीछे-पीछे,
घुँघरू बाँधे छम-छम-छम-छम।

हा-हा-हा-हा बच्चे हँसते,
इधर किलकते, उधर कुदकते,
अबकी राजा हुआ उदास,
रानी चल दी माँ के पास।

लेने जब पहुँचा ससुराल,
रानी की बदली थी चाल,
मैं न अब तेरे संग जाऊँ,
कितनी भी कर ले मनुहार।

राजा ने फिर आँख दिखाई,
खों-खों, गुर-गुर डाँट लगाई,
कितना ही डंडा लहराया,
पर कुछ भी तो काम न आया।

माफी माँगी सौ-सौ बार,
राजा ने फिर पकड़े कान,
अब न झिड़की, झगड़ा, टंटा,
कभी नही मारूँगा डंडा,
तू मेरी रानी मेरी बंदरिया,
मेरे संग चल अपनी नगरिया।

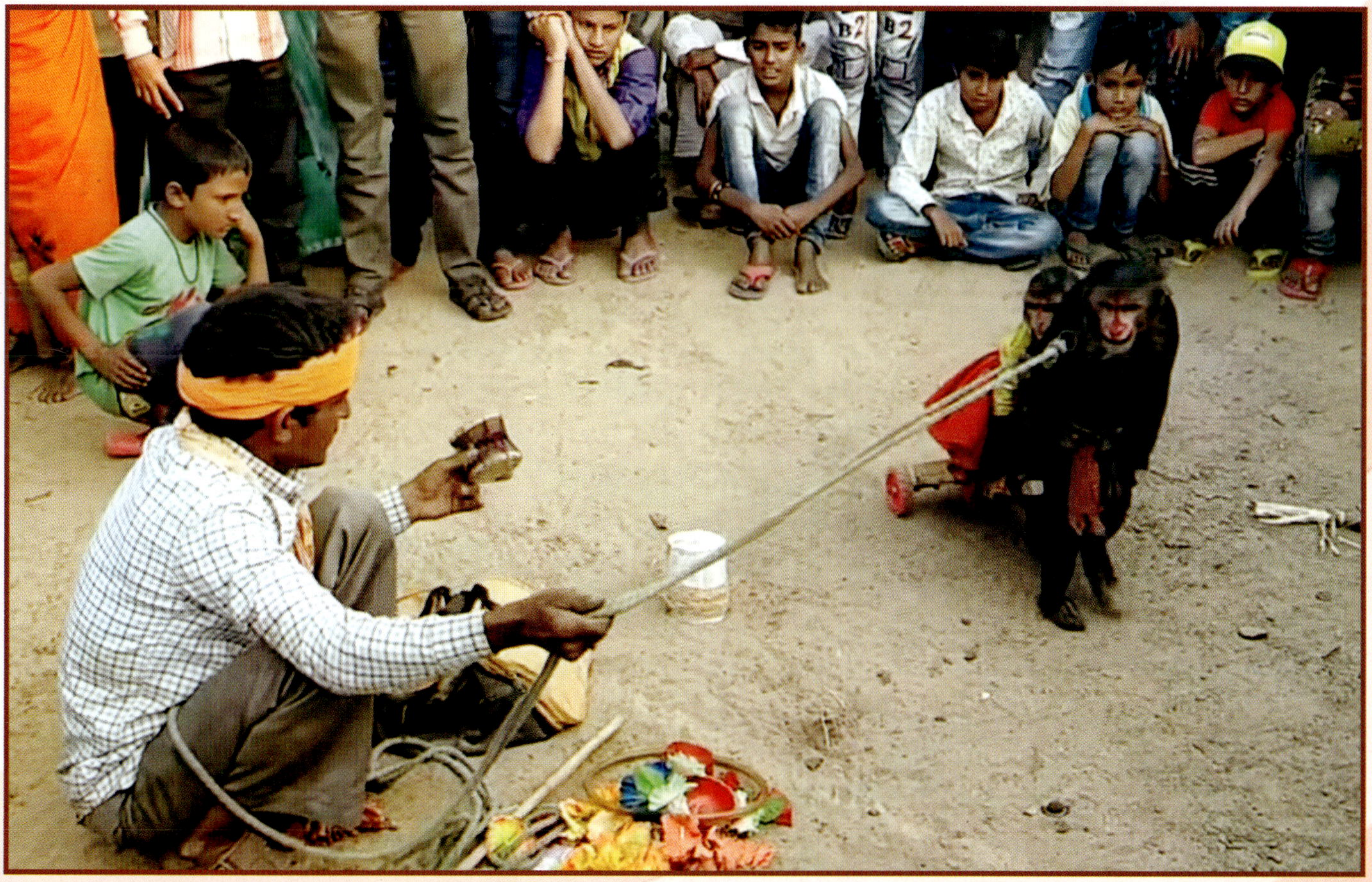

नदी

नदी हूँ नदी मैं,
बादल की बेटी,
छल-छल मैं कल-कल
पल-पल मैं बहती।

झरना मेरा बचपन,
ना फिक्र ना बंधन,
कुलाँचे हिरण सी,
मस्ती पवन सी।

उतरती ज़मीं पर,
उछलकर, उचककर,
समतल में बहती,
सजग मैं सँभलकर।

मुझे सिखाती मेरी नानी

एक है धरती, एक है अंबर,
एक ही चंदा, एक ही सूरज,
एक हवा है, एक सा पानी,
मुझे सिखाती मेरी नानी,

एक ईश के बच्चे हम सब,
अलग अलग हैं, चाहे मजहब,
कभी न लड़ना, कभी न भिड़ना,
एक ही बनकर हमको रहना।

संगत

एक बूँद बादल की,
क्या-क्या बन जाती है,
जैसी हो संगत,
वैसा गुण पाती है।

साँप ने मुँह खोला,
जहर बन जाती है,
सीप में गिरी तो,
मोती कहलाती है।

सबका हिस्सा

सूरज देता गरमी सबको,
बादल देता पानी,
बिना भेद हर घर आँगन में,
बहती हवा सुहानी।

पेड़ नदी पर्वत तारों का,
अपना-अपना किस्सा,
सब पर सबका एक सा हक है,
ज्यादा कम ना हिस्सा।

मेरी दादी

मेरी दादी सबसे न्यारी,
मुझको लगती सबसे प्यारी,
सोने जैसा रंग है उसका,
चाँदी जैसे बाल,
दाँत हैं उजले मोती जैसे,
चिकने-चिकने गाल।

दादी की साबुन से अनबन,
चेहरे पर वो मलती उबटन,
उजले बालों पर क्या जाने,
क्या-क्या वो आजमाए,
रेशम से घुँघराले गुच्छे,
चमचम कर लहराए।

रोज रात सोने से पहले,
चेहरा वो चमकाती,
एक बात की बड़ी ही उलझन,
मुझे समझ ना आती,
मेरे दाँत जब टूटे थे,
एक-एक करके,
उगे परंतु बहुत दिनों में,
एक-एक करके।

लेकिन दादी के मोती सब,
रोज रात झड़ जाते,
चुपके से सिरहाने रखी,
प्याली में पड़ जाते,
रोज सुबह फिर जगमग जगमग,
मुँह में आ जुड़ जाते।

मैं कहता दादी यह कैसा,
जादू है समझाओ,
दाँतों के झड़ने-जुड़ने का,
राज़ है क्या समझाओ,
मगर नहीं बतलाती,
ही-ही कर दादी हँस देती,
जादू की झप्पी देकर,
बस गोदी में भर लेती।

रात की रानी

रात की रानी आसमान में,
रोज़ बारात सजाती,
चंदा मामा दूल्हा बनता,
और तारे बाराती।

धरती जगमग करने लगती,
तारों की झिलमिल से,
जुगनू भी खुश हो जाते,
दिप-दिप करते सब मिलके।

निंदिया रानी घर-घर जाकर,
मीठी नींद सुलाती,
सपनों की परियाँ भी छुपके,
पलकों में आ जातीं।

शिकारी और कबूतर

एक शिकारी खेत में आया,
दाना फेंका जाल बिछाया,
दाने चुगने आए कबूतर,
रह गए किंतु जाल में फँसकर।

खुश हो दौड़ शिकारी आया,
पंछियों ने पर जाल उड़ाया,
जाल उड़ चला खुले गगन में,
उतरे पंछी इक जंगल में।

चूहे उनके प्यारे यार,
कुतरा सबने मिलकर जाल,
बंद कबूतर हुए आजाद,
मिलकर रहना रखना याद।

दीया

मिट्टी का छोटा सा दीया,
हर लेता घनघोर अँधेरा,
झोंपड़ी हो या बड़ी अटारी,
हर कोने को जगमग करता।

आओ हम दीपक बन जाएँ,
निज पर का हर क्लेश मिटाएँ,
नेकी सच्चाई विद्या की,
जन-जन में हम अलख जगाएँ।

इतवार

मुझे इतवार बहुत ही भाता,
इस दिन का मस्ती से नाता,
स्कूल की छुट्टी, ना कोई झंझट,
सुबह देर तक मैं सो पाता।

इडली, डोसा, चने, भटूरे,
मम्मी बनाती स्पेशल नाश्ता,
भैया के संग लूडो-कैरम,
दादी के संग लाड़ लड़ाता।

शाम दोस्तों संग गुजरती,
बैट बॉल ले फील्ड में जाता,
क्रिकेट का फिर मैच खेलकर,
चौके छक्के खूब उड़ाता।

जल है कुदरत का वरदान

जल है कुदरत का वरदान,
कभी न हो इसका अपमान,
जल देता है जीवन सबको,
सब पर है इसका अहसान।

वन-उपवन का सिंचन इससे,
पशु-पक्षी का जीवन इससे,
नर-नारी की प्यास मिटाए,
धरती का आँगन महकाए।

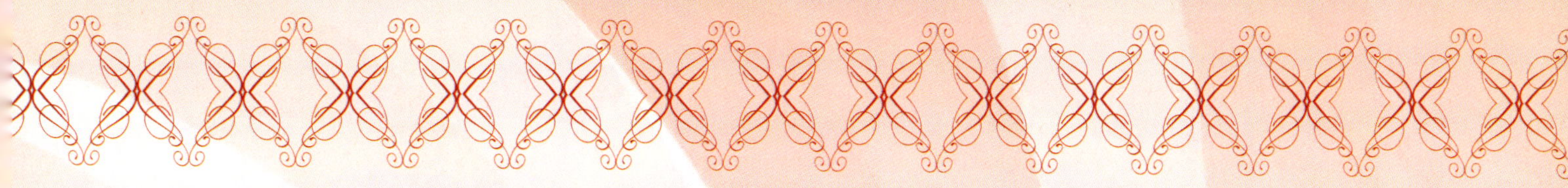

वो पापी हैं जो नदियों को,
मैला करते दूषित करते,
फेंककर कूड़ा-कचरा, जल की,
देवी को जहरीला करते।

पूछ रही है रोती गंगा,
यमुना, कृष्णा, कावेरी सब,
कुदरत को कितना दुख दोगे,
नदियाँ साफ करोगे कब।

आओ आज प्रतिज्ञा कर लें,
कभी न जल को मलिन करेंगे,
नदियाँ हैं हम सबकी माता,
माता का दुख दूर करेंगे।

प्यासा कौवा

इक था कौवा बड़ा ही प्यासा,
फिरता इत उत मारा-मारा,
देखा उसने दूर-दूर तक,
ना कोई ताल, तलैया, पोखर।

तभी दिया इक घड़ा दिखाई,
मन में आस नई लहराई,
मुख पर छाई इक मुस्कान,
पंख फैलाए भरी उड़ान।

पर हाय, हो गया उदास,
पहुँचा जब वो घड़े के पास,
देखा पानी बिल्कुल कम था,
चोंच न पहुँची इसका ग़म था।

सूझी उसको इक तरकीब,
कंकड़ चुन रखे नज़दीक,
जल में कंकड़ फेंके झुककर,
पानी आया तल के ऊपर।

मेहनत देखो क्या रंग लाई,
जल में उसने चोंच डुबाई,
जी भर पानी पी वो अघाया,
चतुराई का पाठ पढ़ाया।

फूलकुमारी

एक था राजा, एक थी रानी,
उनकी थी इक राजकुमारी,
जब-जब हँसती फूल बरसते,
आँसू भी मोती बन झरते।

रूप था उसका चाँदी जैसा,
सोने से चमकीले बाल,
नीले काँच सी आँखें उसकी,
और गुलाबी कोमल गाल।

इक दिन हो गई बात निराली,
राजकुमारी हँसना भूली,
दूर-दूर से लोग थे आए,
अजब-अजब करतब दिखलाए,

पर ना बोली राजकुमारी,
पत्थर सी हो गई दुलारी,
फिर इक मोटा जोकर आया,
तोंद हिलाकर नाच दिखाया।

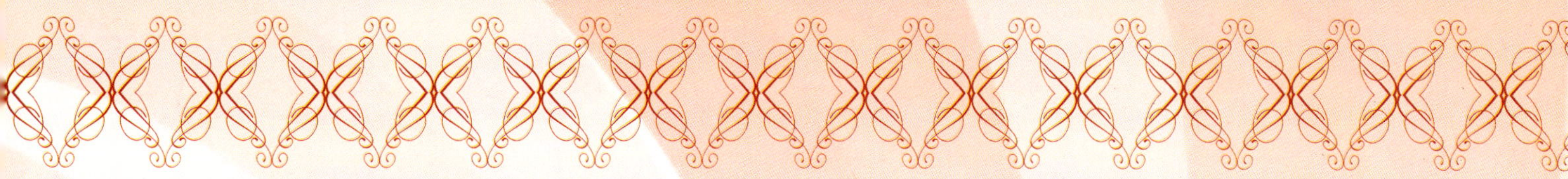

लो, जोकर की तोंद गिर गई,
लगा ऐंठने मूँछ उखड़ गई,
राजकुमारी हँसी खिलखिला,
पेट पकड़कर हा-हा-हा-हा।

हँसते-हँसते फूल झड़ गए,
आँखों से मोती भी बरस गए,
जोकर पर सब हुए निहाल,
चाहा कर दें मालामाल।

पर था जोकर राजकुमार,
उसके देश का बड़ा था नाम,
माँगी उसने राजकुमारी,
राजा ने दे दिया ईनाम।

नीला रंग

सात रंग की दुनिया है,
हर चीज का रूप रंगीला,
मुझको लेकिन सबसे ज्यादा,
भाता है रंग नीला।

ऊपर नीलगगन है फैला,
नीचे नील समंदर,
पंछी उड़ते नील गगन में,
मछली जल के अंदर।

झील में खिलते नीलकमल,
बगिया में नीले गुड़हल,
नीली विराट कोहली की टोपी,
नीला माँ का आँचल।

नीला नगर उदयपुर देखा,
नीले-नीले सरवर,
नीला चक्र तिरंगे में है,
नीला मेरा प्रियवर!

वन जीवों की रक्षा

शेर, चीता, भालू, हाथी
सब है इक दूजे के साथी,
पेड़ नदी और जंगल झरने,
कुदरत के हैं ये सब गहने।

मानव इनका पालनहारा,
पशु-पक्षियों का रखवाला।
नाहक इनका घर मत छीनो,
कभी न मारो वन जीवों को।

कुदरत हमको न बख्शेगी,
क्रोध की आँधी ही बरसेगी।
आओ हम सब करें प्रतिज्ञा,
वन जीवों की करेंगे रक्षा।

पैसों का पेड़

राजू ने पैसा था बोया,
सोचा था इक पेड़ उगेगा,
खनखन कर पैसे खनकेंगे,
मौजों से दिन रात कटेंगे।

कितने दिन चुपके-चुपके,
वो देखा करता पानी देता,
पर मिट्टी से कुछ ना फूटा,
ना कोई अंकुर ना कोई पौधा।

लालच को तुम कभी ना बोना,
सब कुछ खोकर पड़ेगा रोना,
मेहनत से तुम कभी ना टलना,
धरती माता देगी सोना।

सपेरा

बीन बजा आ गया सपेरा,
बच्चों ने जा उसको घेरा,
सर पे थी इक बँधी पिटारी,
हौले से धरती पे उतारी।

लगे बजाने बच्चे ताली,
खुश हो होकर बारी-बारी,
खोल पिटारी हमें दिखाओ,
क्या इसमें है हमें बताओ।

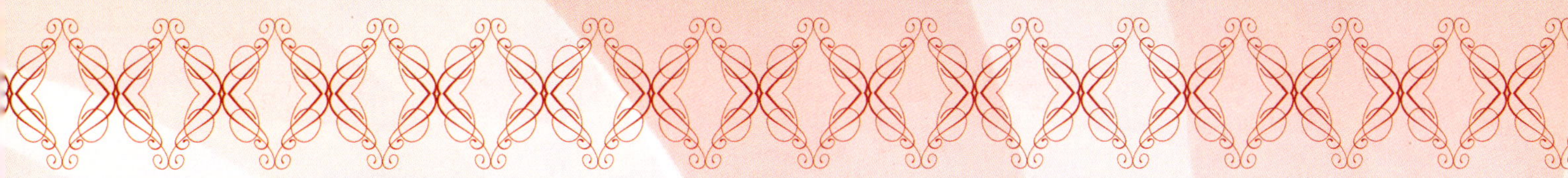

कूद-कूदकर, उचक-उचककर,
पास आ गए उछल-उछलकर,
चट से भागे बिदके डरकर,
खुली पिटारी देख छिटककर।

ढक्कन खुल गया निकला साँप,
बड़ा भयंकर काला नाग,
खड़ा हो गया फन फैलाकर,
पल में सबके होश उड़ाकर।

लगा सपेरा तान सुनाने,
गाल फुलाकर बीन बजाने,
साँप भी डोले बीन के संग-संग,
बीन की धुन पे झूमे अंग-अंग।

जुड़ गया मजमा चारों ओर,
वाह-वाह का उठ गया शोर,
उड़ गया भय और भागा डर,
अजब खेल सब हुए निडर।

खेल खत्म अब बच्चो जाओ,
दौड़ के घर से पैसा लाओ,
साँप को कर दूँ मैं छूमंतर,
नाग देवता टोकरी अंदर।

लगा के ढक्कन बंद कर दिया,
रुपिया पैसा जेब धर लिया,
लगा बाँटने केंचुली सबको,
धरो किताब में बाबू इसको।

बढ़ेगी विद्या खूब पढ़ोगे,
कभी किसी से ना पिछड़ोगे,
बच्चों को नई सीख सिखाता,
चला सपेरा बीन बजाता।